Inhalt

Quick-Response-Codes - Bereits totgesagt, erleben die kryptischen Krakel vielleicht eine Renaissance

Kernthesen

Beitrag

Fallbeispiele

Weiterführende Literatur

Impressum

Quick-Response-Codes - Bereits totgesagt, erleben die kryptischen Krakel vielleicht eine Renaissance

Harald Reil

Kernthesen

- Kritiker meinen, dass Quick-Response-Codes (QR) bald von neueren Technologien ersetzt werden.
- Noch aber halten sich die hässlichen Krakel hartnäckig: Experten sagen für das Jahr 2012 sogar eine QR-Flut voraus.
- Dächer als Werbeflächen sowie S-Bahn- und U-Bahn-Stationen als virtuelle Einkaufspassagen könnten das Überleben

von QR-Codes sichern.

Beitrag

Umständlich und wenig attraktiv

In Zeiten, in denen technische Neuerungen eine Halbwertszeit von nur wenigen Jahren haben, halten sich Quick-Response-Codes erstaunlich hartnäckig. Immerhin versehen sie bereits seit fast zwanzig Jahren ihre Dienste. Der Beginn ihrer Karriere lässt sich bis ins Jahr 1994 zurückverfolgen, als Ingenieure von einer Zulieferungsfirma des japanischen Autoherstellers Toyota die schwarz-weißen, etwas kryptisch anmutenden Krakel entwickelt haben, um Identifizierungs- und Lieferprozesse zu verschlanken. Heute wird die in QR-Codes enthaltene binäre Information vor allem von der Werbewirtschaft verwendet, um weitergehende Informationen zu Produkten, Dienstleistungen oder Unternehmen zu vermitteln. Allerdings gibt es Stimmen, die den Quick-Response-Codes trotz zunehmender Verwendung in der Werbung keine lange Lebenszeit voraussagen. Der Hauptkritikpunkt: Sie seien zu umständlich in der Handhabung. Daher würden sie auch schon bald von der weitaus fortschrittlicheren Near-Field-Communication-Technologie (NFC) abgelöst werden - einem international gültigen Übertragungsstandard, der den drahtlosen Datenaustausch bis zu einer Entfernung von vier Zentimetern erlaubt. Andere Experten sprechen dagegen von einer Renaissance der wenig attraktiven Krakel. Wie diese aussehen könnte, macht zum Beispiel die US-Firma Phillips & Co. vor. Sie hat unter dem Namen "Blue Marble" einen Info-Service entwickelt, der QR-Codes auf Gebäudedächern anbringt. (1), (2), (3)

Google stellt QR-Dienst ein

Dass die QR-Codes in ihrer jetzigen Verwendungsweise tatsächlich nach einer kurzen Zeit der Blüte von der Bildfläche verschwinden werden, scheint sich nicht mehr wegdiskutieren zu lassen. Zwar kennen rund 60 Prozent der in Deutschland lebenden Menschen die Tags, allerdings liegt ihr Nutzungsgrad weit unterhalb dieser Marke. Jenseits des großen Teiches machen sogar nur sechs Prozent der Smartphone-User von ihnen Gebrauch, um sich vertiefende Informationen übermitteln zu lassen. Der wahrscheinlich beste Indikator, dass die Tage der QR-Codes bereits gezählt sind, ist eine Entscheidung des Internetriesen Google. Das Unternehmen hat bereits im März dieses Jahres sein Quick-Response-Angebot in seinem

Branchenverzeichnis "Places" aufgegeben. Stattdessen testet Google derzeit attraktivere Methoden, um Kunden Infos über Mobiltelefone zu liefern. Eine davon ist die Near-Field-Communication-Technologie. (3)

QR-Codes auf Dächern

Trotzdem sollte man QR-Codes noch nicht völlig abschreiben. Eine Möglichkeit, sie vielleicht salonfähig zu halten, hat zum Beispiel Phillips & Co. mit seinem Dienst Blue Marble entwickelt. Die US-Firma bringt QR-Codes auf den Dächern von Gebäuden an, die auf weiterführende Werbeinhalte verlinken. Das US-Unternehmen macht sich dabei zunutze, dass sich User im Internet mit großem Interesse Luftbilder in entsprechenden Diensten anschauen. Dafür spricht, dass allein Google Earth bisher rund 400 Millionen Mal auf heimischen Computern installiert wurde. Die Kosten für den QR-Service sind allerdings kein Pappenstiel: Für Installation, Support, Zugang zu einem CM-System und die Verwendung eines Analyse-Tool blättern Unternehmen einen Betrag hin, der sich im oberen vierstelligen Dollarbereich bewegt. Ein weiteres Problem: Die niedrige Frequenz, mit der die Luftaufnahmen aktualisiert werden. Es kann daher eine Weile dauern, bis die mit QR-Codes verzierten

Dächern bei den Internetdiensten in Erscheinung treten. Trotzdem testen einige Firmen bereits den neuen Dienst. (1), (2)

QR-Codes machen U-Bahn-Stationen zu virtuellen Einkaufspassagen

Wie sich QR-Codes außerdem innovativ verwenden lassen, hat der Hamburger Drogeriemarktbetreiber Budnikowsky vorgemacht. Er installierte QR-Codes auf großformatigen Plakatwänden in S-Bahn- und U-Bahn-Stationen von elf deutschen Großstädten. Über die Codes warb Budni nicht nur zehn Tage lang für seinen neuen Online-Shop www.aliqua-naturkosmetik.de; er verwandelte die Bahnhöfe gleichzeitig in virtuelle Shopping-Passagen und erweiterte so sein Vertriebsgebiet um ein Vielfaches. Denn Smartphone-User, die die Codes unter Bildern von Naturkosmetik-Artikel abfotografierten, wurden automatisch auf die Web-Site des Anbieters weitergeleitet, wo sie die Produkte gleich online kaufen konnten. Deutschlands kleinster Drogeriemarkt zeigte sich mit dem Versuch zufrieden. Die Führung überlegt sogar, den QR-Service dauerhaft anzubieten. Zurückverfolgen lässt sich die Idee auf die britische Supermarktkette Tesco. Sie hat vor wenigen Monaten einen ähnlichen Versuch in Südkorea mit großem Erfolg lanciert. Mittlerweile wurde er von Unternehmen in China und von Ocado, einem britischen Internethändler, der sich auf den Vertrieb von Lebensmitteln spezialisiert hat, kopiert. (5), (6)

Trends

Renaissance in neuer Form?

Es wäre verfrüht, schon jetzt den Totengesang auf QR-Codes anzustimmen. Wahr ist wohl, dass sie in ihrer bisherigen Verwendungsweise bald der Vergangenheit angehören werden, da neuere Technologien bereits in den Startlöchern stehen. Dazu gehören vor allem NFC, aber auch Bilderkennungsprogramme wie "U Snap" oder "Trailer View", die über ein Fotomotiv mit dem User kommunizieren und zusätzliche Inhalte über das Smartphone bereitstellen. Aber auch Tablet PCs waren bereits als Rohrkrepierer abgeschrieben, ehe sie unter dem Namen iPad eine wundersame Renaissance erlebten. Vorstellbar ist daher, dass sich QR-Codes in der Form wie sie beispielsweise die Unternehmen Phillips & Co., Tesco oder Budnikowsky verwenden, nicht nur am Leben halten, sondern dass sie vielleicht sogar florieren. (3), (4), (5), (6)

Fallbeispiele

QR-Code-Flut im Jahr 2012

Auch Experten, die QR-Codes nur eine kurze Lebenszeit voraussagen, gehen davon aus, dass der Verbraucher im nächsten Jahr mit den unästhetischen Krakeln geradezu überschwemmt wird. Dass diese Prophezeiung nicht aus der Luft gegriffen ist, lässt sich schon jetzt auf breiter Front beobachten. Citroën wirbt via QR-Codes mit Probefahrten. Siemens leitet mit ihrer Hilfe auf einen Filmclip und auf Fotos weiter, die dem Verbraucher die Vorzüge eines intelligenten Bügeleisens vor Augen führen sollen. Die ADAC-Motorwelt informiert ihre Leser mit einem Film über einen Werkstatt-Test. McDonalds vertieft in seinem Gratis-Magazin via "Quick Responses" die Heftinfos über aktuelle Kinostreifen oder hippe Spiele. (4)

Anwaltskanzlei erhält Preis für QR-Idee

Quick-Response-Codes erobern auch Berufe, bei denen man es nicht erwartet. Mittlerweile nutzen auch Juristen die Technologie, um potenzielle Kunden über ihre Dienste zu informieren. Ein Beispiel ist die Anwaltskanzlei Schultze & Braun, die ihre QR-Codes in Printpublikationen, Anzeigen, Broschüren und Anzeigen platziert hat. Interessenten fotografieren sie mit ihren Smartphones ab und werden zu ausführlicheren Informationen auf die Website der Anwaltskanzlei weitergeleitet. Die Idee kam so gut an, dass die Jury des Professional Managements Networks (PMN), die Management Awards vergibt, sie in diesem Jahr zum Sieger in der Kategorie "Kommunikation" kürte. (7)

Audi übermittelt Audio-Infos per QR-Code

Audi hat für die IAA in diesem Jahr die App "Audi IAA 2011" kreiert. Mit ihrer Hilfe wandelten sich Smartphones in einen Audio-Guide um, der die User durch den Messeauftritt des Autoherstellers leitete. Um gesprochene Infos zu bestimmten Modellen oder neuen Technologien zu erhalten, mussten die Besucher nur verschiedene QR-Codes einscannen. (8)

Weiterführende Literatur

(1) Werbung aus der Vogelperspektive
aus "a3-eco" Nr. 10/11 vom 13.10.2011 Seite: 58

(2) Werben im Weltall: QR-Code fürs Dach
aus Deutscher Drucker Nr. 32 vom 27.10.2011 Seite 10

(3) Wie die neuen Barcodes funktionieren
aus Kurier (Österreich) vom 30.08.2011, Seite 11

(4) Der späte Siegeszug der Krakel-Quadrate
aus werben & verkaufen Nr. 40 vom 06.10.2011, S. 82

(5) Budnikowsky startet ins Web 3.0
aus Lebensmittel Zeitung 43 vom 28.10.2011 Seite 041

(6) Budnikowsky: Virtuelle Regale in der U-Bahn
aus www.lebensmittelzeitung.net vom 27.10.2011

(7) Im Blickpunkt: Kanzleimarketing Kanzleien setzen auf Innovationen
aus Betriebs Berater Heft 44/2011 Seite X

(8) Audi auf der IAA virtuell erleben
aus OTS-ORIGINALTEXT vom 09.09.2011, 14:01:36

Impressum

Quick-Response-Codes - Bereits totgesagt, erleben die kryptischen Krakel vielleicht eine Renaissance

Bibliografische Information der deutschen Nationalbibliothek

Die Deutsche Nationalbibliothek verzeichnet diese Publikation in der deutschen Nationalbibliografie; detaillierte bibliografische Daten sind im Internet über http://dnb.d-nb.de abrufbar.

ISBN: 978-3-7379-0381-3

© 2015 GBI-Genios Deutsche Wirtschaftsdatenbank GmbH, Freischützstraße 96, 81927 München, www.genios.de

Alle Rechte vorbehalten. Dieses Werk ist einschließlich aller seiner Teile – z.B. Texte, Tabellen und Grafiken - urheberrechtlich geschützt. Jede Verwertung außerhalb der Grenzen des Urheberrechtsgesetzes bedarf der vorherigen Zustimmung des Verlags. Dies gilt insbesondere auch für auszugsweise Nachdrucke, fotomechanische

Vervielfältigungen (Fotokopie/Mikroskopie), Übersetzungen, Auswertungen durch Datenbanken oder ähnliche Einrichtungen und die Einspeicherung und Verarbeitung in elektronischen Systemen.